# Tomemos un trago

## bebidas para las cuatro estaciones

**TOMEMOS UN TRAGO; BEBIDAS PARA LAS CUATRO ESTACIONES (LET'S HAVE A DRINK)**

Publicado en los EE.UU. por Club Mosaico (PUBLISHED IN THE U.S.A. BY MOSAICO CLUB)
Un club de CIRCULO DE LECTORES (A CIRCULO DE LECTORES CLUB)
Direct Brands Inc.
One Penn Plaza
250 West 34th Street, 5th floor
New York, NY 10119
*www.clubmosaico.com*

Producido y diagramado por Simpei, S.L.  (PRODUCED AND DESIGNED BY SIMPEI)
**Textos y preparaciones:** Angel Miguel Muñoz y Mª Remedios Vázquez Fdez. de Liencres
**Fotografías:** Fernando Ramajo y Angel Miguel Muñoz
*www.cocinavino.com*

I.S.B.N.: 978-1-60751-947-8
Printed in U.S.A.

# Sumario

**TOMEMOS UN TRAGO**
Bebidas para las cuatro estaciones

Autores: Angel de Miguel & Itos Vázquez
(El libro de oro de los cocteles, El libro de oro del vino, Las mejores bebidas del mundo, 100 cocteles al momento)

Fotografías: Fernando Ramajo, Angel de Miguel, Itos Vázquez)
ISBN: 978-1-60751-947-8

# Prólogo

El consumo moderado de bebidas alcohólicas, es sin duda, uno de los mayores placeres asociados a la gastronomía. Siempre encontraremos un momento para compartir una bebida, adecuada a la ocasión y a la estación del año. También es muy agradable compartir bebidas, no necesariamente alcohólicas, que nos traen recuerdos de nuestros orígenes o de lugares que conocemos, de forma directa o por referencia. Incluso pueden ser objeto de conversación o de enseñanza para los más jóvenes, vinculándolas a tradiciones y añoranzas.

Para ayudar a que ese momento tenga la bebida adecuada, hemos preparado este libro, para el que hemos seleccionado una serie de tragos, adecuados para cada etapa del año.

En cada estación, aparecen cocteles y tragos largos, tanto tradicionales, como escogidos entre las nuevas tendencias, tanto en Estados Unidos, como en el resto de los países del continente.

A continuación, podrán encontrar bebidas no alcohólicas pertenecientes a los países latinos y también a España.

Cada bebida ha sido ilustrada con una bella fotografía, que le ayudará en la preparación del trago que más le apetezca.

También hemos incluido una selección de los utensilios más usuales para la preparación de las bebidas y un pequeño glosario que le ayudará a conocer un poco más los ingredientes que las componen.

Estamos seguros que esta obra le ayudará a pasar momentos inolvidables, compartiendo un trago con las personas que más aprecie.

Sólo nos queda decir: ¡Salud (y moderación)!

**Los Editores**

# Los utensilios

Hay una serie de elementos imprescindibles para la preparación de combinaciones, cocteles y tragos largos.

La enumeración podría ser tan extensa como quisiéramos, pero mencionaremos los que a nuestro juicio son suficientes para la correcta realización de los cocteles que encontrará en este libro.

**1 >** Cubo de hielo – champanera.

**2 >** Batidora de vaso eléctrica.

**3 >** Vaso mezclador.

**4 >** Colador de muelle.

**5 >** Coctelera transparente con mediciones.

**6 >** Coctelera metálica tradicional.

**7 >** Cubitera para hielo.

**8 >** Exprimidor de cítricos.

**9 >** Martillo para trocear y pulverizar hielo.

**10 >** Colador.

**11 >** Batidora manual.

**12 >** Sacacorchos y descapsulador.

**13, 14, 15 >** Instrumentos especiales para guarniciones con pieles de frutas.

**16 >** Cuchillo corto.

**17 >** Cuchara larga, para remover en vaso mezclador.

**18 >** Rallador.

Es también interesante, aunque no imprescindible, contar con una licuadora y un extractor de jugos de frutas.

# Casi todo sobre licores

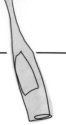

Aunque existen centenares, incluso millares de bebidas, pasaremos revista a las más frecuentes, de forma que tengamos un concepto claro de su aspecto, origen y composición.

La graduación que se indica está tomada del sistema decimal y representa el porcentaje de alcohol por volumen.

## Absenta: 60º

Licor derivado del ajenjo. En la actualidad está prohibido en numerosos países, debido a sus efectos dañinos para el cerebro por su alta graduación. Tiene un color verde claro.

## Advokaat: 18º

Licor de origen holandés. Está hecho a base de brandy, huevo y azúcar. Existen algunas variedades con diferentes sabores. La fórmula básica tiene un bonito color amarillo.

## Aguardiente: 30º/50º

Nombre que se le da a destilados de diferentes productos, desde caña de azúcar a frutas, con añadido de diferentes sabores como el anís.

## Amaretto: 25º

Licor de tipo digestivo, con sabor fuerte a almendras. Es de origen italiano y se prepara a partir de las semillas del chabacano (albaricoque).

## Amer Picon: 30º

Es una bebida para aperitivo, de origen francés y se hace a base de vino y destilados de éste, genciana, quinina y otros elementos para especiar y aromatizar.

## Angostura: 40º

Bebida amarga, originaria de Venezuela, se prepara con la corteza de la planta angostura, con genciana y con diversas hierbas que le dan un aroma especial.

## Anís: 40º

El anís, elaborado a partir de las semillas de esta planta, es transparente y se encuentra en diferentes variedades. Desde el dulce al seco.

## Aquavite: 40º

Originario de los países nórdicos. Es una bebida seca, elaborada a partir de la destilación de patata o de cereales. Puede ir aromatizado con pimienta, comino, etc. Es transparente y se consume frío generalmente.

## Armagnac: 40º

Es un brandy, destilado de las uvas de la región de Armagnac y envejecido en barricas de roble. Es tan apreciado como el Cognac y posee tonalidades similares a las de éste.

## Aurum: 40º

Licor con fuerte sabor a naranja, que se prepara con frutas y diferentes hierbas.

## Baileys: 20º

Un licor a base de whisky, crema de leche y chocolate.

## Benedictine: 45º

Elaborado por los monjes de la Abadía de Fecamp en Normandía. Data del año 1510 y se prepara con una fórmula secreta que tiene más de una veintena de hierbas diferentes.

## Bitter de naranja: 18º

Bebida amarga y muy seca. Se utiliza sobre todo en la preparación de cocteles.

## Bourbon: 40º

Originaria del condado de Bourbon, en Kentucky, esta bebida norteamericana fue destilada del maíz por los primeros emigrantes irlandeses y escoceses, como sustituto del whisky. El cincuenta y uno por ciento debe elaborarse a partir del maíz que es mezclado con cebada o centeno destilados, y posteriormente envejecido en barricas de roble blanco por un mínimo de un año.

## Brandy: 40º

Término que en general denomina aquellos destilados de fruta que alcanzan la mencionada graduación. El de mayor fama sea posiblemente el Brandy de Jerez, destilado a partir de uvas de primera calidad y envejecido por el sistema de "holandas".

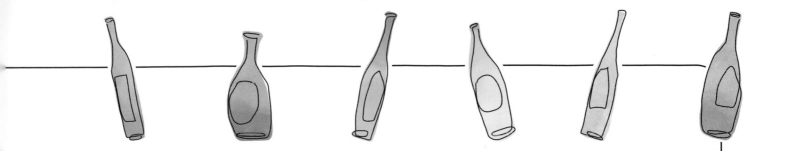

**Byrrh: 20º**
Bebida originaria de la costa mediterránea de Francia, hecha con la mezcla de vino rojo, brandy y quinina.

**Cachaça: 30º**
Licor de caña de azúcar, de origen brasileño. Se utiliza para la preparación de las famosas "caipirinhas".

**Calvados: 40º**
Un excelente brandy de Normandía, destilado de las manzanas. Sufre un proceso de destilación doble y envejece por un mínimo de un año en barrica de roble. En su mejor condición, es una bebida suave y seca, ideal para después de las comidas.

**Campari: 35º**
Aperitivo italiano, que generalmente se bebe con soda y hielo. Es una bebida aromática, con sabor amargo y dulce, de color rojo.

**Cava: 12º**
Vino espumoso, fermentado según el sistema "champenoise" sin adición de gases carbónicos.

**Chicha: 20º/50º**
Licor que se obtiene por fermentación de frutas, o sus pieles. También de hortalizas. Su graduación depende del tiempo de fermentación.

**Cognac: 40º**
Brandy que únicamente se produce en la región cercana a la ciudad francesa de Cognac. Elaborado a partir de la uva de Cognac, es destilado dos veces y envejecido por un mínimo de dos años en barricas de roble. La variedad más barata de Cognac es la de una estrella. La categoría superior (VSOP: Very Superior Old Pale) no tiene menos de cuatro años y medio de envejecimiento.

**Cointreau: 40º**
Licor francés elaborado con brandy y pieles de naranja.

**Crema de cassis: 18º**
El cassis es un licor elaborado con grosella negra, procedente de la zona de Dijon, en Francia.

**Crema de menta: 30º**
Licor dulce con sabor a menta, de color verde o, más raramente, de color más pálido (el llamado "Blanco").

**Curaçao: 25º**
Cointreau es el propietario de este licor anaranjado, elaborado con la piel de unas naranjas pequeñas, verdes y amargas. Es originario de la isla de Curaçao en las Indias Holandesas Occidentales.

**Champagne: 12º**
Vino espumoso originario de la región francesa del mismo nombre y con elaboración similar al cava.

**Chartreuse: 55º (verde) y 43º (amarillo)**
Un sofisticado licor de hierbas elaborado en Francia a partir de 130 hierbas y especias diferentes, puestas en infusión y destiladas, y más tarde envejecidas en grandes barricas de roble. La destilería principal se encuentra a quince millas del monasterio de Chartreuse, cuyos monjes han destilado el licor desde el siglo XVI.

**Drambuie: 40º**
Licor elaborado a base de miel y whisky escocés, con infusión de hierbas.

**Dubonnet: 17º**
Aperitivo francés de gran reputación con un sabor dulce y suave, y un ligero regusto amargo.

**Fernet Branca: 40º**
Licor bastante amargo. Se utiliza como digestivo y está hecho a base de plantas y hierbas medicinales.

**Galliano: 40º**
Licor originario de Lombardía. Bautizado con el nombre de un héroe italiano del conflicto de Abisinia en 1890. Debido a su sabor rico y aromático, es utilizado en muchos cocteles.

**Ginebra: 40º**
Su nombre es una derivación de "genievre" (bayas de enebro), las cuales se utilizaban en un principio en su fabricación para disfrazar las destilaciones bajas en pureza. Es incolora.

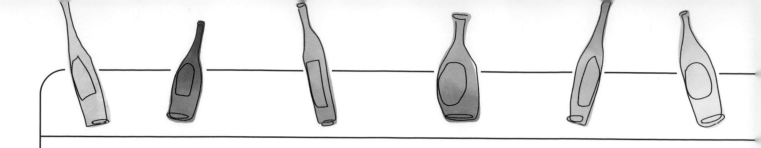

**Granadina:**
Jarabe extremadamente dulce y sin alcohol, elaborado a partir de la granada.

**Grand Marnier: 40º**
Un licor de fama mundial, elaborado con naranjas maceradas en brandy.

**Grappa: 42º**
Nombre por el que se conoce en Italia y California a un fuerte brandy elaborado con las pieles y pepitas de las uvas que restan de la elaboración del vino.

**Kahlúa: 27º**
Licor mexicano de café, muy popular en Norteamérica para combinados.

**Kirsch: 45º**
Brandy de frutas originario de la zona en donde se juntan Francia y Alemania. Utilizado en platos típicos alemanes como la Torta Selva Negra. Se destila de las cerezas.

**Kummel: 35º**
Licor hecho con alcaravea, cominos, hinojos, lirios y hierbas.

**Lillet: 17º**
Vermut de patente francesa; muy seco y ligero.

**Marc: 40º**
Una versión más refinada del Grappa. La elaboración en Borgoña tiene gran reputación y calidad, así como la de Champagne.

**Marrasquino: 30º**
Licor italiano elaborado con el jugo fermentado de cerezas amargas.

**Metaxa: 42º**
Brandy griego a base de uvas.

**Mezcal: 40º**
Licor mexicano elaborado por destilación de la piña (o corazón) del agave, con añadido de hasta un 20% de azúcares.

**Ouzo: 40º**
Brandy anisado griego, elaborado con uvas, que cambia del color verde al blanco cuando se le añade agua.

**Parfait Amour: 30º**
Se prepara con pétalos de violeta y es de sabor bastante dulce. Proporciona un intenso color azul a las combinaciones.

**Pernod: 45º**
Este es uno de los favoritos entre los franceses cuando se disuelve en agua. Tiene un fuerte sabor anisado.

**Perry: 5º**
El Perry es a las peras lo que la sidra a las manzanas. Pero a diferencia de ésta, que puede ser elaborada a partir de una mezcla de manzanas de mesa, el Perry sólo se elabora con las peras duras, también llamadas "Peras Perry".

**Pipermint: 30º**
Licor seco a base de menta.

**Pisco: 45º**
Aguardiente de origen peruano. Se elabora destilando vinos dulces.

**Pulque: 15º**
Bebida mexicana hecha con el jugo de la planta del maguey. Su consumo ha descendido mucho.

**Punt e Mes: 17º**
Un vermut superior de Turín, con sabor entre dulce y amargo.

**Quetch: 45º**
El jugo destilado y sin endulzar de la pequeña ciruela suiza, de color púrpura azulado.

**Ron: 40º**
Bebida marinera del Nuevo Mundo; su nombre trae a la memoria aventuras en alta mar. Los caribeños lo fabrican de los jugos de la caña de azúcar, tras extraer ese azúcar, con la melaza resultante. El ron varía en color, desde una bebida ligera y transparente hasta un ron moreno y de distinto sabor ahumado.

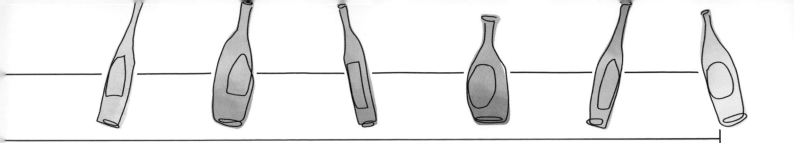

**Ron dorado: 40º**
Su color proviene del caramelo, y de un envejecimiento como mínimo de tres años. Esto da al ron dorado más sabor que al blanco.

**Sake: 16º**
Bebida japonesa hecha con arroz. Generalmente se le denomina "vino de arroz".

**Slivovitz: 40º**
Licor húngaro, muy fuerte y potente, de calidad variable.

**Southern Comfort: 45º**
Bebida americana elaborada con Bourbon, melocotones y naranja.

**Strega: 40º**
Licor italiano hecho de hierbas y naranjas. Color amarillo.

**Suze: 20º**
Aperitivo francés de color amarillo con sabor a raíz de genciana.

**Tequila: 40º**
Bebida que se ha hecho muy popular en todo el mundo, gracias a México. Elaborada con la savia de la planta del agave, que crece en abundancia en los alrededores del pueblo de Tequila, en las montañas occidentales de Sierra Madre. Tradicionalmente, el tequila es destilado en alambiques, y el mejor envejecido en barricas o tanques durante cuatro años.

**Tía María: 40º**
Licor de café aromatizado con especias jamaiquinas y ron.

**Triple seco: 40º**
Un licor incoloro, con gusto a naranja. El curaçao "blanco".

**Underberg: 30º**
Aperitivo alemán, amargo al paladar, que generalmente se bebe solo o con un toque de soda.

**Vermut: 18º**
Originario de Francia e Italia, el vermut es elaborado con vino, al que se trata con hierbas aromáticas para aumentar el sabor. Esta idea fue utilizada por los romanos, y la fueron desarrollando monjes, alquimistas y médicos para remedios herbales, utilizando plantas como la camomila, la genciana, la raíz de lirio florentino, la quinina y cientos más, llegadas del Extremo Oriente y de los Alpes. Hoy, las recetas herbarias de los diferentes vermuts son secretas, pero todos se producen macerando las hierbas en vino, por un período que va de seis meses a un año. El vermut seco es incoloro y el dulce es rojo.

**Vodka: 35º/50º**
Asociado con los países eslavos, donde la palabra "vodka" define a cualquier licor que pueda destilarse del grano, la uva, la patata, etc. En Occidente es conocido como un licor neutral, que es una base excelente para bebidas combinadas, mientras que en Polonia y Rusia se pueden conseguir versiones aromatizadas con especias, o afrutadas. Es destilado en todo el mundo a partir de muchas materias, produciendo siempre licores similares.

**Whisky o Whiskey: 40º**
Bebida mundialmente famosa, destilada del grano de cebada malteada. El whisky normal o "blended" es la mezcla de varias destilaciones, el "Malt whisky" procede de una única destilación. Para el purista, las aguas turbosas de Escocia (donde "whisky" se escribe sin la "e" intercalada, whiskey es la denominación en Irlanda) producen los mejores ejemplos de esta bebida en todo el mundo, siendo el whisky escocés propio únicamente de Escocia, aunque en la actualidad se producen algunos de muy alta calidad en otros países, como España o Japón.

**Whisky canadiense: 35º**
Un whisky ligero hecho generalmente de centeno germinado. Envejecido en barricas por un mínimo de tres años.

**Whisky de centeno (Rye): 40º**
Introducido por primera vez en los Estados Unidos hacia 1660 por los emigrantes escoceses e irlandeses, se ha hecho muy popular como una bebida no muy sofisticada, elaborada a partir de un mínimo de un 51% de centeno. Envejecido al menos durante un año en barricas nuevas de roble, se le considera el mejor whisky americano después del Bourbon.

# Bebidas para la primavera

# Coconut Tequila

### SOBRE ESTA BEBIDA

Refrescante, pero peligroso. Parece que estás tomando una bebida ligera, pero que si se prodiga demasiado, puede tener efectos descontrolados.

### INGREDIENTES (1 PERS.)

2 fl. oz. de tequila

1 fl. oz. de agua de coco

1 ½ fl. oz. de jugo de naranja

½ fl. oz. de jugo de limón

½ fl. oz. de marrasquino

### ELABORACIÓN

1 > Verter todos los ingredientes en la batidora eléctrica con ½ taza de hielo, y batir a baja velocidad durante 10 o 15 segundos.

2 > Servir en una copa de champagne previamente enfriada y adornar con trozos de fruta al gusto.

# Daiquiri Criollo

## SOBRE ESTA BEBIDA

De Cuba nos llega este coctel que se ha asentado en las barras de los bares, desde Miami a New Orleans.

## INGREDIENTES (1 PERS.)

3 fl. oz. de ron blanco

2 fl. oz. de jugo de limón

1 cucharadita de azúcar morena

1 fl. oz. de granadina

## ELABORACIÓN

**1 >** Verter todos los ingredientes en la coctelera con hielo.

**2 >** Agitar bien y colar sobre un vaso alto, con cubitos de hielo.

**3 >** Decorar con cerezas rojas y verdes.

# Gin Tonic

## SOBRE ESTA BEBIDA

Una de las bebidas más populares para antes o después de las comidas.
La tónica, de origen indio (Asia) con extracto de corteza de quina,
combina perfectamente con la ginebra, proporcionando un gran frescor.

## INGREDIENTES (1 PERS.)

2 fl. oz. de ginebra

½ rodaja de limón

Agua tónica

## ELABORACIÓN

1 > Verter la ginebra en un vaso alto con cubitos de hielo y la rodaja de limón.

2 > Completar con agua tónica.

# Golden Dawn

## SOBRE ESTA BEBIDA

Este "atardecer dorado" tiene su origen en la Inglaterra de los años '30, pero rápidamente traspasó el océano y se convirtió en una popular bebida de los bares de moda en Nueva York, México, La Habana y Buenos Aires.

## INGREDIENTES (1 PERS.)

1 fl. oz. de ginebra

1 fl. oz. de jugo natural de naranja

1 fl. oz. de licor de chabacano (albaricoque)

1 fl. oz. de calvados

1 toque de bitter

1 toque de granadina (opcional)

## ELABORACIÓN

1 > Verter todos los ingredientes, salvo la granadina, en el vaso mezclador con hielo.

2 > Remover bien y colar sobre un vaso alto.

3 > Añadir, si se desea, el toque de granadina.

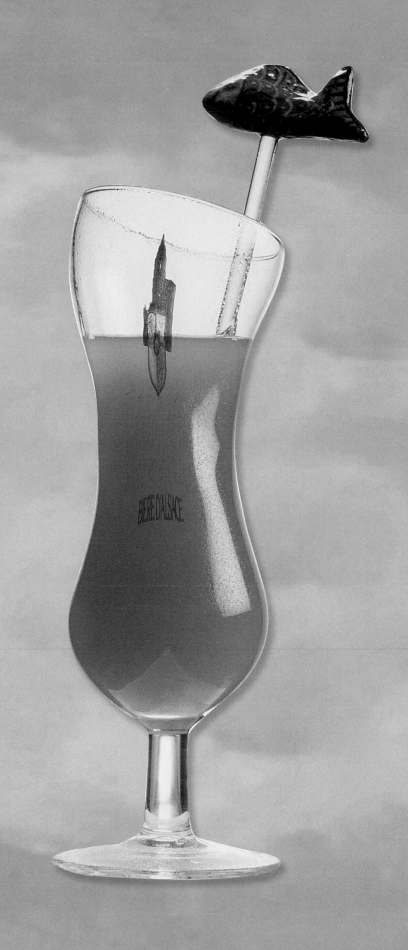

# Honey–Bee

## SOBRE ESTA BEBIDA

Esta "abejita" nos endulzará la velada. El ron jamaiquino tiene aromas peculiares que muestran toda su expresión en esta combinación.

## INGREDIENTES (2 PERS.)

2 ½  fl. oz. de ron de Jamaica

1 ½  fl. oz. de jugo de limón

1 cucharadita de miel

## ELABORACIÓN

**1 >** Verter todos los ingredientes en la coctelera con hielo.

**2 >** Agitar bien y colar sobre una copa de coctel.

**3 >** Decorar con una rodaja de limón y una guinda.

# Martínez

## SOBRE ESTA BEBIDA

La receta, de finales del siglo XIX, procede sin duda de San Francisco (U.S.A.)
y se la disputan dos famosos Barmen de la época.
Los Sres. Richelieu (sin marrasquino) y Thomas, autor de un famoso recetario
de cocteles. De cualquier forma, es sin duda el precedente del famoso Dry Martini.

## INGREDIENTES (1 PERS.)

3 fl. oz. de ginebra

1 fl. oz. de vermut francés

½ fl. oz. de marrasquino (opcional)

1 fl. oz. de bitter de naranja

## ELABORACIÓN

1 > Verter todos los ingredientes en el vaso mezclador con hielo.

2 > Remover y colar sobre una copa de coctel.

3 > Servir adornado con una rodaja de limón, una aceituna
o al gusto.

# México Lindo

## SOBRE ESTA BEBIDA

El mejor tequila para preparar este coctel, es un reposado.
Ideal para una noche primaveral al aire libre y con buena compañía.

## INGREDIENTES (1 PERS.)

2 fl. oz. de tequila

El jugo de ½ limón

½ fl. oz. de curaçao

## ELABORACIÓN

1 > Poner los ingredientes con hielo muy picado en la coctelera.

2 > Agitar bien.

3 > Colar sobre una copa de coctel previamente enfriada.

4 > Adornar con una cereza.

# Pisco Sour

## SOBRE ESTA BEBIDA

Siguiendo la tradición de los "sour" ingleses, este coctel se ha convertido en el representante más famoso de las bebidas peruanas y chilenas en todo el mundo.

## INGREDIENTES (2 PERS.)

6 fl. oz. de pisco

2 fl. oz. de jugo de lima

1 cucharada de azúcar o de jarabe de goma

1 clara de huevo

Gotas de angostura (opcional)

## ELABORACIÓN

1 > Verter los ingredientes en la coctelera con hielo.

2 > Agitar bien y colar sobre una copa de coctel.

3 > Poner 2 o 3 gotas de angostura por encima y decorar con rodajitas de lima o limón.

4 > El jugo de lima puede ser sustituido por jugo de limón.

# Raf

## SOBRE ESTA BEBIDA

Antecesora del Cuba Libre, su origen está en la costumbre de los pilotos
de la RAF (Fuerzas Aéreas Inglesas), durante la 2ª Guerra Mundial,
que al volver del combate, celebraban la supervivencia con esta combinación.

## INGREDIENTES (1 PERS.)

2 ½ fl. oz. de ginebra

½ rodaja de limón

Refresco de cola

## ELABORACIÓN

1 > Verter la ginebra y la rodaja de limón en un vaso alto con hielo.

2 > Completar con refresco de cola.

# Sueño Caribeño

## SOBRE ESTA BEBIDA

Pues sí, realmente es un coctel para soñar junto a la orilla del mar. Las frutas tropicales envuelven al ron para que su mezcla satisfaga todos nuestros sentidos.

## INGREDIENTES (2 PERS.)

1 ½ fl. oz. de ron blanco

½ fl. oz. de licor de fresa

½ fl. oz. de crema de chabacano (albaricoque)

2 fl. oz. de jugo de guayaba

## ELABORACIÓN

1 > Verter todos los ingredientes en la coctelera con hielo.

2 > Agitar bien y colar sobre una copa de coctel previamente escarchada con azúcar y enfriada.

# Sueños Rosas

### SOBRE ESTA BEBIDA

Un coctel ligero, para compartir y repetir sin miedo a que nos eche a perder una noche en la mejor compañía.

### INGREDIENTES (2 PERS.)

2 fl. oz. de ron blanco

3 fl. oz. de leche

3 fl. oz. de jugo de fresa

### ELABORACIÓN

**1 >** Verter todos los ingredientes en la coctelera con hielo picado.

**2 >** Agitar enérgicamente y colar sobre copas de coctel con cubitos de hielo.

**3 >** Decorar con una fresa y unas hojitas de menta.

# Tequila Sunrise

## SOBRE ESTA BEBIDA

Popularizado por el cine, este coctel es un placer para los sentidos. El amanecer se refleja en los colores de su acertada mezcla.

## INGREDIENTES (1 PERS.)

2 fl. oz. de tequila

4 fl. oz. de jugo de naranja

1 fl. oz. de granadina

½ rodaja de limón

2 guindas en almíbar

## ELABORACIÓN

**1 >** Mezclar el tequila, el jugo de naranja y hielo picado en la coctelera.

**2 >** Colar sobre un vaso alto.

**3 >** Añadir cubitos de hielo hasta llenar el vaso casi por completo.

**4 >** Verter lentamente la granadina y dejar que se asiente.

**5 >** Adornar con la rodaja de limón y las guindas.

**6 >** Introducir un agitador o unos popotes (sorbetes) para remover.

# Chicha de Arracacha

## SOBRE ESTA BEBIDA

Una bebida típica de la Amazonía y Los Llanos en Colombia. Según el tiempo de fermentación, tendrá mayor o menor contenido alcohólico.

## INGREDIENTES (20 PERS.)

2 lbs. de arracachas (apio criollo)

1 taza de panela melado

20 tazas de agua fresca

Hojas de plátano

## ELABORACIÓN

1 > Pelar las arracachas y cocinar durante 20 minutos; sacar, escurrir, picar y pilar. Incorporar ½ taza de melado y revolver. Tomar porciones de la masa, envolver en las hojas de plátano (o bijao), amarrar y poner a cocinar en agua con que apenas las cubra por 4 horas a fuego lento.

2 > Bajar el fuego y dejar enfriar; sacar, desenvolver, moler y colar con el agua. Poner la colada en una olla de barro, agregar la otra ½ taza de melado, verter las tazas de agua fresca y dejar fermentar, mínimo 24 horas, revolviendo cada 2 horas.

# Combinado Especial

## SOBRE ESTA BEBIDA

Un excelente comienzo para el desayuno. En Venezuela gustan de comenzar el día con este tipo de bebidas con alto contenido energético y vitamínico.

## INGREDIENTES (4 PERS.)

2 tazas de pulpa de papaya
2 tazas de leche
Miel
1 clara de huevo
4 fresas

## ELABORACIÓN

**1 >** Poner en el vaso de la licuadora la papaya, la leche y miel al gusto, y batir hasta conseguir una mezcla homogénea.

**2 >** Verter en vasos largos y cubrir con la clara a punto de nieve.

**3 >** Incorporar las fresas hechas puré y algo más de miel si se desea.

# Jugo de Guayaba y Banano

## SOBRE ESTA BEBIDA

En Centro América se considera esta bebida un excelente remedio para los bronquios y aparte de tener un sabor exquisito, es excelente para combatir el cansancio.

## INGREDIENTES (4 PERS.)

4 guayabas

2 bananos maduros

2 cucharadas de azúcar

2 cucharadas de jugo de limón o de lima

## ELABORACIÓN

1 > Pelar las guayabas y partirlas en cuartos; pelar los bananos y trocearlos.

2 > Triturar todo con la batidora o mejor, pasarlo por la licuadora.

3 > Añadir el jugo de limón y el azúcar, y en último lugar 2 tazas de agua (o la necesaria, para que tenga la consistencia adecuada), seguir batiendo y colar.

4 > Servir frío.

# Jugo
# de Mango y Piña

## SOBRE ESTA BEBIDA

Los sabores del mango y de la piña se realzan con los de los cítricos y proporcionan una gran sensación de frescor. Muy indicado incluso para los más pequeños.

## INGREDIENTES (4 PERS.)

1 mango maduro • 2 tazas de jugo de piña

1 taza de jugo de naranja • 1 cucharada de miel

1 cucharada de jugo de limón • Azúcar

## ELABORACIÓN

**1 >** Pelar el mango y trocearlo, ponerlo en el vaso de la licuadora con el jugo de piña y triturarlo; colar.

**2 >** Añadir la miel y los demás jugos y batir hasta que quede cremoso.

**3 >** Servir al momento, bien frío, en vasos escarchados con azúcar.

# Leche de Avena

## SOBRE ESTA BEBIDA

La leche de avena contiene 6 de los 8 aminoácidos necesarios para una correcta nutrición. Si consumimos además soja, tendremos una combinación perfecta de proteínas y vitaminas.

## INGREDIENTES (6 PERS.)

1 ½ tazas de avena molida · 2 ramitas de canela

2 clavos de olor · 6 tazas de agua · Azúcar

## ELABORACIÓN

**1 >** Colocar en una olla mediana la avena, el agua, la canela y los clavos; llevar al fuego sin dejar de remover, hasta que hierva.

**2 >** Bajar el fuego y cocer 3 minutos más, sin dejar de remover.

**3 >** Añadir azúcar al gusto, retirar y dejar enfriar.

**4 >** En el momento de servir añadir hielo (el secreto está en servirlo muy frío).

# Naranjada a la Menta

## SOBRE ESTA BEBIDA

Una de las bebidas más refrescantes que se pueden preparar. Apta para todas las edades, no dejará de complacer a nadie.

## INGREDIENTES (4 PERS.)

10 naranjas
1 manojo de menta o hierbabuena
2 cucharadas de azúcar

## ELABORACIÓN

**1 >** Pelar las naranjas, lavar la menta y licuarlo todo junto.

**2 >** Recoger el jugo en una jarra de cristal con el azúcar.

**3 >** Añadir hielo picado, remover y servir en copas individuales.

# Bebidas para el verano

# Gin Fizz

## SOBRE ESTA BEBIDA

Popularizada en Estados Unidos en los años ´20, tiene su origen en el Ramos Fizz, creado a finales del siglo XIX y que incorporaba clara de huevo.

## INGREDIENTES (1 PERS.)

3 fl. oz. de ginebra

3 fl. oz. de jugo de limón

1 cucharadita de azúcar glas

Soda

## ELABORACIÓN

1 > Verter la ginebra, el jugo de limón, y el azúcar en la coctelera.

2 > Agitar bien y servir en un vaso alto con cubitos de hielo.

3 > Completar con soda muy fría y remover con el agitador.

# Las Bandidas

## SOBRE ESTA BEBIDA

Este coctel se dice que les fue ofrecido a Salma Hayek y a la recientemente "oscarizada" Penélope Cruz, por un anfitrión de las actrices, durante parte del rodaje de la película "Las Bandidas", de gran éxito internacional.

## INGREDIENTES (4 PERS.)

6 fl. oz. de mezcal añejo • 2 cucharadas de azúcar • 12 hojas de menta
2 ½ fl. oz. de jugo de limón • 2 ½ fl. oz. de jugo de piña
Cubitos de hielo • 4 cascos de limón amarillo • 4 hojas de menta para adornar

## ELABORACIÓN

1 > Verter todos los ingredientes en la licuadora y licuar a velocidad media durante 20 segundos.

2 > Servir en una copa de coctel, adornando con los cascos de limón y las hojas de menta.

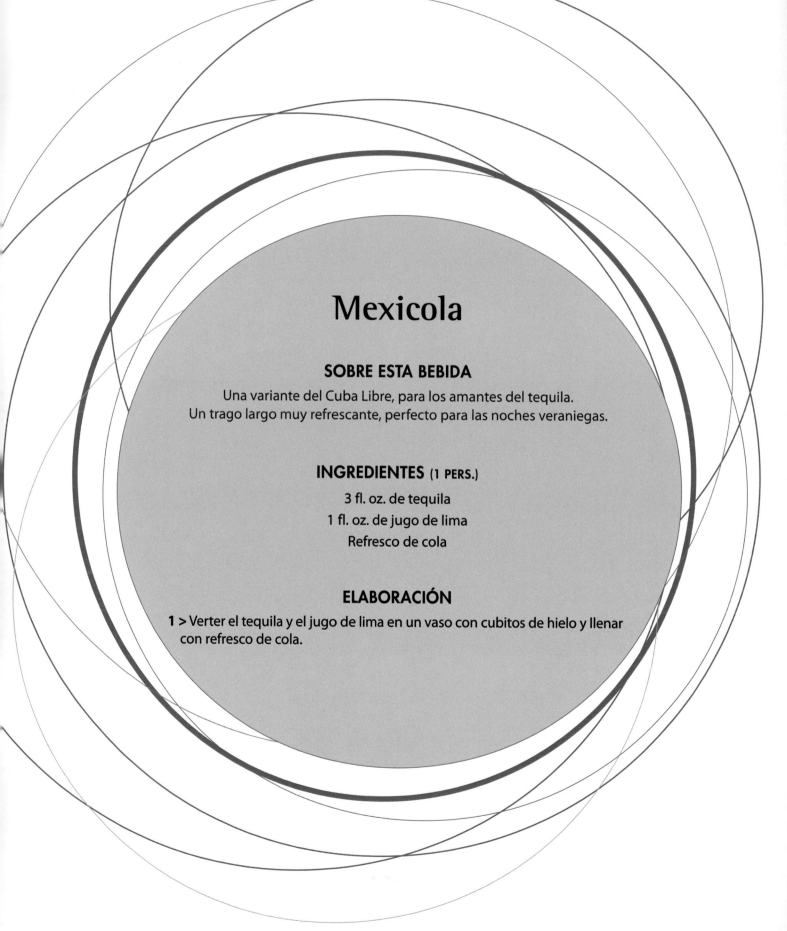

# Mexicola

## SOBRE ESTA BEBIDA

Una variante del Cuba Libre, para los amantes del tequila.
Un trago largo muy refrescante, perfecto para las noches veraniegas.

## INGREDIENTES (1 PERS.)

3 fl. oz. de tequila

1 fl. oz. de jugo de lima

Refresco de cola

## ELABORACIÓN

**1 >** Verter el tequila y el jugo de lima en un vaso con cubitos de hielo y llenar con refresco de cola.

# Obispo

## SOBRE ESTA BEBIDA

Un coctel refrescante, pero apto para la meditación en solitario o en compañía de un buen libro, antes de la cena.

## INGREDIENTES (1 PERS.)

3 ½ fl. oz. de brandy de Jerez

1 ½ fl. oz. de campari

¼ fl. oz. de jugo de limón

## ELABORACIÓN

**1 >** Combinar los ingredientes en el vaso mezclador con hielo.

**2 >** Colar sobre una copa grande con hielo y decorar con cáscaras de limón.

# Planter's Punch

## SOBRE ESTA BEBIDA

Otro de los grandes clásicos. Los "punch", son originarios de la India,
pero vinieron a América de mano de los ingleses. La receta de esta bebida se publicó
por primera vez en el New York Times en 1908.

## INGREDIENTES (1 PERS.)

1 ½ fl. oz. de ron blanco cubano • 1 ½ fl. oz. de ron añejo de Jamaica
2  fl. oz. de jugo de lima o limón • ¾  fl. oz. de almíbar • ½ cucharadita de granadina
½ cucharadita de angostura • 3 fl. oz. de soda

## ELABORACIÓN

**1 >** Llenar hasta la mitad el vaso mezclador con hielo.

**2 >** Verter todos los ingredientes excepto la soda y mezclar suavemente.

**3 >** Servir dentro de una piña ahuecada o en un vaso alto.

**4>** Completar con soda.

**5 >** Decorar a su gusto.

# Ponche de Verano

## SOBRE ESTA BEBIDA

Una bebida ideal para un cálido atardecer en compañía de buenos amigos.
El resultado es mucho mejor si utilizamos vino de buena calidad,
preferentemente, joven.

## INGREDIENTES (4 PERS.)

1 botella de vino blanco seco

¼ de botella de vodka

½ taza de té verde

2 limones

## ELABORACIÓN

**1 >** Verter los ingredientes en una jarra grande con abundante hielo,
teniendo en cuenta que los limones deben estar limpios y cortados
en rodajas.

**2 >** Remover bien y servir en copa de vino.

# Saint Thomas

### SOBRE ESTA BEBIDA

Popularizada en los yates que atracaban en la isla, pasó rápidamente a las costas de Florida. Conviene no abusar de este coctel, pues la mezcla, aunque deliciosa, es algo explosiva.

### INGREDIENTES (1 PERS.)

4 fl. oz. de ron blanco

1 fl. oz. de ginebra

½ fl. oz. de Campari

1 fl. oz. de jugo de papaya

1 fl. oz. de jugo de fruta de la pasión (chinola o maracuyá)

### ELABORACIÓN

1 > Verter todos los ingredientes en la coctelera con hielo.

2 > Agitar bien y colar sobre copa de coctel ancha.

3 > Decorar con bolitas de frutas.

# San Fermín

## SOBRE ESTA BEBIDA

Una copa que le animará a correr delante de los toros o a cualquier otra hazaña. Se sugiere moderación en su consumo para evitar excesos.

## INGREDIENTES (1 PERS.)

6 fl. oz. de vino tinto

3 fl. oz. de cazalla (aguardiente seco)

## ELABORACIÓN

**1 >** Verter los ingredientes en el vaso mezclador con abundante hielo.

**2 >** Remover bien y servir en copa de coctel o de vino.

**3 >** Decorar con una rodaja de limón.

# Sangría

## SOBRE ESTA BEBIDA

De España llega esta fantástica bebida, que recuerda baile y toros.
Puede servir como acompañamiento a la comida, por ejemplo, una buena paella.

## INGREDIENTES (4 PERS.)

8 fl. oz. de vino tinto • 2 fl. oz. de brandy
1 fl. oz. de Cointreau • 4 cucharadas de azúcar • 1 manzana
1 limón • 1 naranja • Soda

## ELABORACIÓN

**1 >** Verter el vino en una jarra con los licores, el azúcar y las frutas lavadas y
troceadas; añadir hielo y rellenar con soda.

**2 >** Remover bien y colar sobre un vaso alto.

**3 >** Decorar con un trozo de limón o naranja (la soda se
puede sustituir por limonada).

# Sueño Californiano

### SOBRE ESTA BEBIDA

Un coctel que según parece se preparó por primera vez en las playas de Malibú, después de una actuación de los Bee Gees en los ´60.

### INGREDIENTES (1 PERS.)

8 fl. oz. de cava o champagne

2 fl. oz. de jugo de piña

2 fl. oz. de jugo de durazno (melocotón)

2 fl. oz. de jugo de naranja

1 fl. oz. de kirsch

½ fl. oz. de jugo de limón

### ELABORACIÓN

**1 >** Verter los ingredientes en la coctelera con hielo, excepto el cava helado.

**2 >** Agitar bien y colar sobre un vaso alto.

**3 >** Completar con cava, decorar con frutas al gusto y servir con popotes (sorbetes).

# Tequila Piña

## SOBRE ESTA BEBIDA

Una bebida de apariencia exótica, muy apropiada para una fiesta nocturna. Los jugos que combinan con el tequila los suavizan con un sabor peculiar y muy agradable.

## INGREDIENTES (1 PERS.)

3 fl. oz. de tequila

3 fl. oz. de jugo de piña

3 fl. oz. de jugo de naranja

1 cucharadita de azúcar

## ELABORACIÓN

1 > Poner todos los ingredientes en la coctelera, con hielo picado.

2 > Agitar vigorosamente y colar sobre una piña vaciada de la pulpa y llena de cubitos de hielo.

# Tom Collins

## SOBRE ESTA BEBIDA

Un clásico de los amantes de la ginebra. Una variante es el John Collins,
que reemplaza la ginebra por bourbon.

## INGREDIENTES (2 PERS.)

4 fl. oz. de ginebra

El jugo de 1 limón

½ fl. oz. de almíbar

Soda

1 rodaja de limón

## ELABORACIÓN

**1 >** Preparar directamente en vaso alto mezclando todos los ingredientes,
excepto la soda, con 4 o 5 cubitos de hielo.

**2 >** Remover con el agitador y añadir soda al gusto.

**3 >** Decorar con media rodaja de limón.

# Agua
# de Chaya y Frutas

## SOBRE ESTA BEBIDA

La chaya tiene propiedades curativas para muchas enfermedades, entre las que se cuenta la hipertensión o las afecciones de la garganta. Esta receta, complementada con las vitaminas de las frutas es, además de refrescante y deliciosa, un buen elemento preventivo y un posible remedio de varias dolencias.

## INGREDIENTES (6 PERS.)

12 hojas de chaya • 3 naranjas • 1 limón • ½ piña
5 cucharadas de azúcar • 4 tazas de agua • Cubitos de hielo

## ELABORACIÓN

**1 >** Lavar bien las hojas de chaya, pelar y trocear las naranjas y el limón, pelar y quitar el corazón de la piña y licuar todo junto con el azúcar.

**2 >** Añadir el agua, remover y colar.

**3 >** Servir en vasos de refresco con unos cubitos de hielo y adornados al gusto.

# Chicha de Piña

## SOBRE ESTA BEBIDA

Esta bebida típica de América del Sur, recibe el nombre de guarapo en Venezuela. La fermentación produce alcohol, y si se toma fría, puede consumirse en grandes cantidades, sin notar sus efectos (hasta que uno intenta ponerse en pie).

## INGREDIENTES (4 PERS.)

6 tazas de agua

½ panela

1 cáscara de piña

## ELABORACIÓN

**1 >** Colocar la cáscara de piña troceada, la panela partida y el agua en una olla de barro o de metal esmaltado.

**2 >** Tapar y dejar fermentar como mínimo 3 días (hasta 5).

**3 >** Colar y servir con hielo o a temperatura ambiente.

# Fresco
# de Guanábana

## SOBRE ESTA BEBIDA

Una bebida originaria de la costa colombiana del Pacífico.
Para tomar a cualquier hora. Si no le gusta demasiado dulce,
reduzca la cantidad de azúcar y de canela.

## INGREDIENTES (4 PERS.)

½ guanábana

4 tazas de leche

½ lb. de azúcar

1 cucharada de canela en polvo

Hielo picado

## ELABORACIÓN

**1 >** Pelar la guanábana, cortar en cascos y lascar las pepas.

**2 >** Añadir un poco de agua y batir con un molinillo.

**3 >** Agregar la leche, el azúcar y el hielo picado, batir
bien y servir con la canela espolvoreada.

# Refresco de Mango

## SOBRE ESTA BEBIDA

El extraordinario sabor del mango maduro, hace de esta bebida un espléndido homenaje a los aromas y sabores de las frutas tropicales.

## INGREDIENTES (6 PERS.)

3 mangos

3 tazas de agua

½ lb. de azúcar

4 cucharadas de jugo de limón

## ELABORACIÓN

1 > Pelar los mangos y licuar la pulpa, añadiendo un poco de agua.

2 > Agregar el azúcar, el jugo de limón y el agua restante.

3 > Licuar de nuevo y colar.

4 > Servir con hielo.

# Sorbete de Badea

## SOBRE ESTA BEBIDA

Aunque la badea se encuentra en varios países de América, esta receta es muy popular en Ecuador. Algunas personas sustituyen el agua por vino blanco.

## INGREDIENTES (6 PERS.)

1 badea

½ lb. de azúcar

3 tazas de agua

1 cucharada de canela molida

## ELABORACIÓN

**1 >** Pelar la badea y picar la pulpa (si está muy madura, se puede picar finamente la piel y agregársela).

**2 >** Batir con agua al gusto, añadir el azúcar y pasar por un colador grueso, agregándole las semillas de la badea (si se desea).

**3 >** Poner hielo picado, batir y servir con un poco de canela molida por encima.

# Tentación de Maracuyá

### SOBRE ESTA BEBIDA

Algunos dicen que la mezcla de la menta con la fruta de la pasión,
tiene efectos afrodisíacos. Lo cierto es que esta bebida aporta una enorme cantidad
de vitaminas y proteínas.

### INGREDIENTES (4 PERS.)

6 maracuyás (fruta de la pasión, chinola, parcha) • 2 tazas de jugo de naranja natural

1 taza de azúcar • 1 clara de huevo • Hojas de hierbabuena o menta

### ELABORACIÓN

1 > Poner un cazo a fuego medio con el jugo de naranja y el azúcar y hervir 3 minutos.

2 > Dejar enfriar, poner en la licuadura la pulpa de los maracuyás, conectar
15 segundos y colar.

3 > Batir la clara a punto de nieve e incorporar el jugo de naranja
frío y el jugo de maracuyá.

4 > Poner unas copas en el congelador hasta que
estén bien heladas, verter el sorbete y
adornar al gusto.

Bebidas para el otoño

# Americano

### SOBRE ESTA BEBIDA

Otro clásico. Bautizado originalmente como "Milano-Torino", allá por 1860, cambió pronto su nombre en atención al pueblo norteamericano. Requerido por James Bond en alguna de sus incursiones por las barras de los bares.

### INGREDIENTES (1 PERS.)

2 fl. oz. de Campari

2 fl. oz. de vermut rojo

Soda

### ELABORACIÓN

**1 >** Preparar directamente en una copa de coctel con 2 cubitos de hielo, vertiendo en ella los ingredientes y completar con la soda.

**2 >** Decorar con una rodajita de limón o unas hojitas de hierbabuena.

# Bloody Mary

## SOBRE ESTA BEBIDA

Uno de los remedios clásicos para el "guayabo", "hang over" o "resaca" después de una noche agitada. Pero también una bebida deliciosa para tomar como aperitivo.

## INGREDIENTES (1 PERS.)

3 fl. oz. de vodka • ½ fl. oz. de jugo de limón

3 gotas de salsa de Tabasco • Salsa Worcestershire

Sal • Pimienta negra molida • 6 fl. oz. de jugo de tomate

## ELABORACIÓN

**1 >** Verter el vodka, el jugo de limón, la salsa de Tabasco y la salsa Worcestershire en un vaso alto.

**2 >** Añadir sal y pimienta al gusto y 2 o 3 cubitos de hielo.

**3 >** Completar con jugo de tomate y remover bien.

**4 >** Decorar con un tallo de apio y un tomatito cereza.

# Caruso

## SOBRE ESTA BEBIDA

Este coctel, creado en honor del famoso tenor italiano, se popularizó tanto en los Estados Unidos como en Argentina, en la primera mitad del siglo XX.

## INGREDIENTES (1 PERS.)

1 ½ fl. oz. de ginebra

1 ½ fl. oz. de vermut seco

1 ½ fl. oz. de crema de menta

## ELABORACIÓN

1 > Verter todos los ingredientes en la coctelera con hielo.

2 > Agitar enérgicamente y colar sobre una copa de coctel.

3 > Decorar con una ramita de menta o similar.

# Cuba Libre

## SOBRE ESTA BEBIDA

Conocido en España como "cubata" y en México como "cuba", es uno de los tragos largos más consumidos en el mundo. Su origen se produce al final de la guerra entre España y Estados Unidos, al introducirse en Cuba los refrescos de cola.

## INGREDIENTES (1 PERS.)

3 fl. oz. de ron añejo

1 cucharada de jugo de limón

5 fl. oz. de refresco de cola

## ELABORACIÓN

**1 >** Llenar un vaso alto con cubitos de hielo.

**2 >** Agregar el ron y el jugo de limón.

**3 >** Mezclar bien y completar con el refresco de cola.

**4 >** Decorar con una rodaja de limón y servir.

# Daiquiri de Banana

### SOBRE ESTA BEBIDA

Un coctel sofisticado con el sabor especial que le da la banana
y que proporciona una compleja colección de sabores muy agradables al paladar.

### INGREDIENTES (1 PERS.)

3 fl. oz. de ron blanco • 1 fl. oz. de marrasquino

1 ½ fl. oz. de jugo de limón • ½ banana troceada

1 cucharadita de azúcar glas • 1 rodaja de banana para adornar

### ELABORACIÓN

**1 >** Verter todos los ingredientes en la licuadora con hielo picado.

**2 >** Mezclar durante 15 segundos y servir sobre copa tipo flauta.

**3 >** Decorar con una rodaja de banana en el borde de la copa.

# Emmanuelle

## SOBRE ESTA BEBIDA

Un coctel sencillo y sofisticado a la vez, como la actriz que ejecutaba
el papel de Emmanuelle en la famosa película.

## INGREDIENTES (1 PERS.)

3 ½ fl. oz. de jerez seco

½ fl. oz. de curaçao verde

## ELABORACIÓN

**1 >** Verter los ingredientes directamente en un catavinos y decorar con una rodaja
de limón y una guinda verde.

**2 >** El jerez deberá estar muy frío.

# Islas del Trópico

## SOBRE ESTA BEBIDA

Mezcla de coctel y postre, muy adecuado para finalizar una buena comida, huyendo de tragos más fuertes.

## INGREDIENTES (1 PERS.)

2 fl. oz. de brandy

1 fl. oz. de curaçao

Agua tónica

Fruta fresca, al gusto

## ELABORACIÓN

1 > Verter el brandy y el curaçao en la coctelera con hielo y agitar bien.

2 > Llenar por la mitad una copa amplia con las frutas, peladas y troceadas, agregar el contenido de la coctelera y completar con agua tónica.

# Mint Tequila

### SOBRE ESTA BEBIDA

El contraste de la menta con el limón y el tequila, proporciona una sensación muy refrescante. Es un coctel muy apropiado para después del almuerzo o la cena.

### INGREDIENTES (1 PERS.)

1 ½ fl. oz. de tequila

6 hojas de menta

1 fl. oz. de jugo de limón

1 cucharadita de azúcar

½ limón

### ELABORACIÓN

1 > Verter todos los ingredientes en la licuadora con ½ taza de hielo picado. Utilizar velocidad media durante 20 segundos.

2 > Servir en una copa de coctel.

3 > Adornar con el limón en forma de casco.

# Piano Bar

## SOBRE ESTA BEBIDA

El excesivo dulzor del jarabe de fresa queda contrarrestado por el jugo de limón. Un trago largo suave, muy adecuado para relajarse y conversar o escuchar música.

## INGREDIENTES (1 PERS.)

2 fl. oz. de brandy

1 fl. oz. de jugo de limón

½ fl. oz. de jarabe de fresa

Seven-up

Hielo

## ELABORACIÓN

**1 >** Verter los ingredientes en la coctelera con hielo, excepto la Seven-up.

**2 >** Agitar bien y colar sobre un vaso alto.

**3 >** Completar con Seven-up y decorar con una rodaja de naranja o de limón.

# Póker

## SOBRE ESTA BEBIDA

Una sinfonía de aromas y sabores que le trasladarán a diferentes lugares del mundo, dando rienda suelta a su imaginación.

## INGREDIENTES (1 PERS.)

1 ½ fl. oz. de ron blanco

1 ½ fl. oz. de vermut rojo

1 ½ fl. oz. de curaçao rojo

## ELABORACIÓN

**1 >** Verter todos los ingredientes en la coctelera con hielo.

**2 >** Agitar bien y colar sobre una copa de coctel.

**3 >** Decorar con una cereza y cáscara de limón o naranja.

# Tequila Sour

## SOBRE ESTA BEBIDA

Una forma diferente de saborear el tequila. Para la elaboración de este coctel, recomendamos utilizar un "reposado".

## INGREDIENTES (1 PERS.)

3 fl. oz. de tequila

½ fl. oz. de licor de chabacano (albaricoque)

¼ fl. oz. de jugo de limón

## ELABORACIÓN

**1 >** Mezclar los ingredientes con hielo en el vaso mezclador.

**2 >** Colar sobre una copa de coctel, con el borde impregnado en sal y adornar con una cáscara de limón.

# Tequini

## SOBRE ESTA BEBIDA

Una variante del clásico "Dry Martini" para los muy aficionados al tequila. Ideal como aperitivo, para tomar incluso con unas tapas o botanas.

## INGREDIENTES (1 PERS.)

4 fl. oz. de tequila
½ fl. oz. de vermut seco

## ELABORACIÓN

1 > Mezclar los ingredientes en el vaso mezclador, con hielo.

2 > Colar sobre una copa de coctel.

3 > Decorar con un trocito de cáscara de limón y una aceituna en un palillo.

# Batido Buenos Días

### SOBRE ESTA BEBIDA

Es importante consumir este batido nada más prepararlo, pues si se deja reposar, la leche podría cortarse por la acción del ácido cítrico de la naranja.

### INGREDIENTES (4 PERS.)

2 tazas de jugo de naranja natural

1 ½ tazas de leche fría

¾ de taza de azúcar

2 tazas de hielo picado

### ELABORACIÓN

**1 >** Mezclar la leche con el hielo picado y el azúcar.

**2 >** Añadir el jugo de naranja y servir inmediatamente.

**3 >** Servir frío, con hielo o a temperatura ambiente si se desea.

# Champús de Maíz

## SOBRE ESTA BEBIDA

En todo el Valle del Cauca se prepara esta bebida que sirve de acompañamiento a las tertulias que se organizan al atardecer.

## INGREDIENTES (10 PERS.)

1 lb. de maíz blanco • 1 panela • 4 clavos de olor
1 ramita de canela • 1 piña • 10 lulos • 3 cucharadas de azúcar
1 cáscara de limón • 1 cáscara de naranja • 6 tazas de agua

## ELABORACIÓN

**1 >** Poner el maíz en una cacerola, cubrir con agua, cocer hasta que ablande y colar.

**2 >** Preparar un almíbar con 1 taza de agua, la panela, los clavos de olor, la canela y las cáscaras de naranja y limón. Dejarlo enfriar.

**3 >** Pelar la piña y cortar la mitad de la pulpa en cubitos. Ponerlos en una cacerola, añadir el azúcar y cocer durante 3 minutos; enfriar.

**4 >** Poner en una jarra grande la pulpa de 6 lulos. Añadir el agua, la pulpa de piña cocida y la otra mitad de piña picada, 4 lulos en trozos, el maíz y el almíbar. Mezclar y servir con hielo.

# Espumoso
# de Hierbabuena

## SOBRE ESTA BEBIDA

Aunque el kiwi es de reciente aparición en América, en Argentina
se ha vuelto bastante popular. Esta bebida es especialmente gustosa,
por la fantástica mezcla de sabores.

## INGREDIENTES (4 PERS.)

1 manojo de hierbabuena lavada • 2 manzanas verdes

2 kiwis • 3 tazas de agua • Azúcar

## ELABORACIÓN

**1 >** Pelar las manzanas, quitarles las semillas y trocearlas. Pelar los kiwis y trocearlos.
Lavar el manojo de hierbabuena.

**2 >** Poner todos los ingredientes en la licuadora, reservando unas hojitas
de hierbabuena para adornar y conectar hasta obtener una mezcla
homogénea.

**3 >** Colar por un colador de trama muy fina y servir
en una copa, adornada con las hojitas de
hierbabuena reservadas.

# Lágrimas de la Virgen

## SOBRE ESTA BEBIDA

Esta receta es típica de la Semana Santa, concretamente del Viernes de Dolores (Patrona de los mineros) en el estado de Guanajuato en México, pero además es un tónico para cualquier persona y especialmente para las que padezcan de anemia.

## INGREDIENTES (4 PERS.)

2 betabeles (remolachas) • 2 limas • 1 manzana • 1 naranja
1 banana • ½ lechuga • 4 cucharadas de azúcar

## ELABORACIÓN

**1 >** Pelar los betabeles y las frutas y quitarles las semillas en su caso. Pasarlos por un extractor de jugos o si no se dispone de él, licuarlo todo y pasarlo por un colador.

**2 >** Añadir una taza de agua y el azúcar y remover bien.

**3 >** Picar la lechuga muy menuda e incorporar a la mezcla. Servir fresco o a temperatura ambiente.

# Masato de Arroz

### SOBRE ESTA BEBIDA

Esta receta parece ser originaria de Perú, aunque se prepara también
en Ecuador, Colombia y Venezuela. La chicha criolla, no contiene alcohol,
al contrario de la mayor parte de las chichas.

### INGREDIENTES (15 PERS.)

1 lb. de arroz • 10 tazas de agua • 1 kilo de azúcar

1 ramita de canela • 1 clavo de olor • 2 tazas de chicha criolla • Canela en polvo

### ELABORACIÓN

**1 >** Cocer el arroz con el agua al menos durante 30 minutos. Colarlo y reservar.

**2 >** Preparar un almíbar con el azúcar, 5 tazas de agua, la canela y el clavo.
Cuando haya espesado, retirar las especias y verter sobre el arroz.
Mezclar bien y colar. Verter en una vasija de barro.

**3 >** Añadir la chicha a la preparación anterior y dejar
reposar durante 3 días. Servir bien frío,
espolvoreado con canela.

# Refresco de Café

## SOBRE ESTA BEBIDA

Un refresco muy habitual en las zonas cafeteras de Colombia, Costa rica o Guatemala. Si el café fuese excesivamente fuerte, añadir un poco de hielo picado para rebajarlo.

## INGREDIENTES (4 PERS.)

2 tazas de café

4 cucharadas de nata chantilly

1 cucharadita de cacao en polvo

## ELABORACIÓN

**1 >** Repartir el café frío en 4 tazas o copas, cubrir con la nata la superficie de las tazas, espolvorear con el cacao o una pizca de canela en polvo y servir.

# Bebidas para el invierno

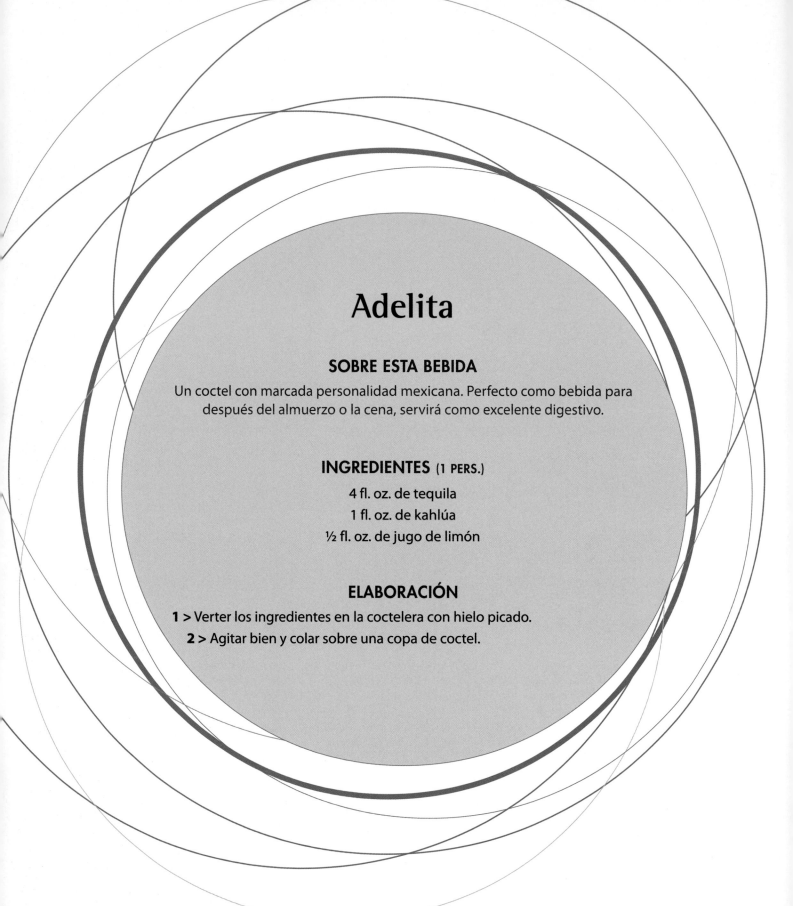

# Adelita

### SOBRE ESTA BEBIDA

Un coctel con marcada personalidad mexicana. Perfecto como bebida para después del almuerzo o la cena, servirá como excelente digestivo.

### INGREDIENTES (1 PERS.)

4 fl. oz. de tequila

1 fl. oz. de kahlúa

½ fl. oz. de jugo de limón

### ELABORACIÓN

**1 >** Verter los ingredientes en la coctelera con hielo picado.

**2 >** Agitar bien y colar sobre una copa de coctel.

# Alexander

### SOBRE ESTA BEBIDA

Un coctel con gran tradición que aparece por primera vez en 1912, en el recetario de Ensslin. Popularizado en el enlace de la Princesa de Inglaterra con el Vizconde Lancelles, pronto se extendió por América. Una variante muy conocida es el Brandy Alexander, que sustituye la ginebra por brandy o cognac.

### INGREDIENTES (2 PERS.)

3 fl. oz. de ginebra • 2 fl. oz. de crema de cacao
3 fl. oz. de leche • 1 cucharadita de cacao en polvo

### ELABORACIÓN

1 > Verter todos los ingredientes excepto el cacao en la coctelera con hielo.

2 > Agitar bien y colar sobre  copas de coctel.

3 > Espolvorear el cacao por encima.

# Bull Shot

## SOBRE ESTA BEBIDA

Ésta es, junto con el Bloody Mary, la "medicina" para curar los males de una noche de excesivo trago. También un perfecto aperitivo, en el que la botana o tapa, va ya integrada en la bebida.

## INGREDIENTES (2 PERS.)

10 fl. oz. de consomé de buey • 4 fl. oz. de vodka • 2 cucharadas de salsa Perrins

1 cucharadita de salsa de Tabasco • 1 fl. oz. de jugo de limón

¼ de cucharadita de pimienta negra • ¼ de cucharadita de sal

## ELABORACIÓN

**1 >** Mezclar todos los ingredientes, excepto el consomé y verter en un vaso.

**2 >** Completar con el caldo, muy caliente y remover para que se integre.

**3 >** Adornar, si se desea, con ½ rodaja de limón o una ramita de perejil o a su gusto.

# Dry Martini

## SOBRE ESTA BEBIDA

Para muchos (yo incluido), la madre de todos los cocteles. Bien preparado, una bebida inigualable. Favorita de algunos famosos como Hemingway. Imprescindible la parquedad con el vermut.

## INGREDIENTES (1 PERS.)

4 fl. oz. de ginebra

5 gotas de vermut blanco seco

1 aceituna rellena de anchoa

Cubitos de hielo

## ELABORACIÓN

**1 >** Mezclar los ingredientes en el vaso mezclador, salvo la aceituna.

**2 >** Colar sobre una copa de coctel.

**3 >** Adornar con la aceituna pinchada en un palillo.

# Feliz Navidad

## SOBRE ESTA BEBIDA

Una bebida perfecta para compartir después de la cena en Nochebuena.
El cava o champagne deberán de ser secos, para contrarrestar el dulzor de los licores.

## INGREDIENTES (2 PERS.)

3 fl. oz. de cava o champagne

1 fl. oz. de jerez seco

2 fl. oz. de ron blanco

1 fl. oz. de Cointreau

1 fl. oz. de Drambuie

## ELABORACIÓN

**1 >** Mezclar los licores con hielo en la coctelera, verter la mezcla en copas de champagne y completar con el cava helado.

**2 >** Decorar con cáscara de naranja.

# Ponche de Jerez

### SOBRE ESTA BEBIDA

Una bebida espléndida para las frías mañanas de invierno, por ejemplo en las jornadas de caza. Reconforta el cuerpo y anima el espíritu.

### INGREDIENTES (6 PERS.)

10 fl. oz. de jerez oloroso seco

10 fl. oz. de anís seco

20 fl. oz. de agua caliente

4 cucharadas de azúcar

### ELABORACIÓN

1 > Verter los ingredientes en una ponchera.

2 > Remover bien y servir en vaso alto.

3 > Decorar con una rodaja de limón.

# Rusty Nail

## SOBRE ESTA BEBIDA

Delicioso y traicionero. El dulzor del Drambuie, enmascara la alta graduación del coctel y su azúcar contribuye a potenciar los efectos.

## INGREDIENTES (1 PERS.)

3 fl. oz. de whisky

1 fl. oz. de Drambuie

## ELABORACIÓN

**1 >** Verter el whisky en una copa de vino o un vaso bajo con algunos cubitos de hielo.

**2 >** Utilizar el reverso de una cucharilla para verter suavemente el Drambuie, procurando que quede en la superficie y se vaya mezclando lentamente.

# Sherry Flip

### SOBRE ESTA BEBIDA

La variante jerezana del Porto Flip portugués. No sólo es una bebida para entonar el cuerpo en el invierno, sino que además, tiene un gran poder energético y alimenticio.

### INGREDIENTES (1 PERS.)

4 fl. oz. de jerez oloroso

1 yema de huevo

1 cucharada de almíbar

### ELABORACIÓN

1 > Verter los ingredientes en la coctelera con hielo picado.

2 > Agitar vigorosamente y colar sobre un catavinos o una copa.

# Vaina Chilena

## SOBRE ESTA BEBIDA

La afición de los chilenos al vino y la influencia francesa, son los motivos de la creación de esta bebida, a finales del siglo XIX y de su permanencia en el gusto de sus gentes hasta los tiempos actuales.

## INGREDIENTES (1 PERS.)

3 fl. oz. de vino tinto

1 fl. oz. de vermut blanco

1 cucharada de cacao en polvo

1 yema de huevo

## ELABORACIÓN

**1 >** Verter todos los ingredientes en la batidora con hielo picado.

**2 >** Batir durante unos segundos y servir en copa de coctel.

**3 >** Decorar con unas hojitas de menta.

# Agua de Panela con Jengibre

## SOBRE ESTA BEBIDA

Esta preparación, tomada en caliente, es muy descongestionante y alivia los síntomas del resfrío y la gripe. Si se toma fría es una bebida tonificante y muy refrescante.

## INGREDIENTES (6 PERS.)

4 tazas de agua • 1 panela

1 ½ oz. de jengibre rallado, fino • 1 manojo de hojas de menta

## ELABORACIÓN

**1 >** Cortar la panela en pedazos y cocinarla en una olla al fuego con el agua y el jengibre hasta que ésta se disuelva, moviendo a menudo con una cuchara de madera.

**2 >** Colar y servir.

**3 >** Esta preparación se puede servir fría o caliente.

**4 >** Otra preparación del agua de panela, es dejando reposar la panela y el jengibre en el agua hasta que la panela se disuelva. Servirla fría.

# Batido de Fruta de la Pasión con Yogur

## SOBRE ESTA BEBIDA

La combinación de las frutas, el yogur natural y la miel, garantizan un "cañonazo" de salud para el organismo. Si le añadimos la ingestión de alguna proteína (jamón, huevos), tendremos un completísimo desayuno.

## INGREDIENTES (4 PERS.)

½ lb. de frutas de la pasión (maracuyá, parcha, chinola) • 1 lima

2 yogures naturales • 2 cucharadas de miel • 1 taza de agua o leche

## ELABORACIÓN

**1 >** Exprimir la lima y ponerla en el vaso de la licuadora con los yogures y la miel; batir hasta obtener una crema suave.

**2 >** Cortar las frutas de la pasión por la mitad, extraer la pulpa y agregarla al batido junto con el agua.

**3 >** Batir ligeramente, agregar más agua si fuese necesario o leche, mezclar y servir.

**4 >** Si se desea puede colar para quitar las semillas.

# Candil

## SOBRE ESTA BEBIDA

En Bogotá se prepara en invierno para todas las edades.
Esta bebida es muy popular por su delicioso sabor pero también se utiliza
como medicina para curar resfríos.

## INGREDIENTES (6 PERS.)

¾ de litro de leche

3 huevos

Panela raspada o azúcar

Canela

## ELABORACIÓN

**1 >** Poner la leche a cocinar a fuego medio; cuando esté caliente, agregar
la panela o el azúcar y la canela, y batir, incorporando los huevos de
uno en uno, sin dejar de batir con el molinillo.

**2 >** Cuando esté bien cremoso, ya puede servirlo.

# Chucula

## SOBRE ESTA BEBIDA

Esta receta, originaria de la provincia de Esmeraldas, en Ecuador,
se ha popularizado por todo el país e incluso a los vecinos.
Es muy alimenticia por su alto contenido en lácteos.

## INGREDIENTES (6 PERS.)

4 tazas de leche • 4 plátanos maduros • 1 taza de azúcar

¼ de lb. de queso tierno • ½ cucharadita de esencia de vainilla • 1 ramita de canela

## ELABORACIÓN

1 > Pelar y cortar los maduros en pedazos. Cocinarlos en una olla con agua hirviendo,
la canela y el azúcar, hasta que estén blandos.

2 > A continuación, agregar la leche y licuar todo. Verter en la olla de nuevo y
ponerlo al fuego.

3 > Cuando comience a hervir, agregar el queso picado y revolver con
una cuchara de madera, sin parar hasta que se deshaga.

4 > Incorporar la vainilla, mezclar y servir frío o caliente.

# Colada de Piña

## SOBRE ESTA BEBIDA

En Colombia, en la región del Chocó, se prepara esta bebida que data de tiempos antiguos. Los aliños le proporcionan un sabor característico e inconfundible.

## INGREDIENTES (12 PERS.)

1 piña • 8 tazas de agua • 1 lb. de maíz trillado
½ lb. de azúcar • Canela en polvo • Clavos de olor
¼ de cucharadita de nuez moscada • 1 pizca de sal

## ELABORACIÓN

1 > Cocinar el maíz en el agua durante 1 hora, sacar, moler y colar con el agua hasta que quede bien diluido. Cocinar durante 15 minutos hasta que empiece a cuajar, agregar los aliños de chocolate (canela en polvo y clavos de olor), revolviendo constantemente, el azúcar y por último la piña rallada y su jugo.

2 > Revolver con una cuchara de madera hasta que cuaje, unos 10 minutos, agregar la sal y la nuez moscada, bajar el fuego y dejar reposar. Servir preferentemente tibia o fría si se prefiere.

# Mate Pampeano

## SOBRE ESTA BEBIDA

La bebida que se identifica con Argentina, aunque también se consume bastante en Chile. Los recientes descubrimientos sobre su contenido de mateína (estimulante del sistema nervioso y de la actividad mental) y de polifenoles (potentes antioxidantes) han contribuido a incrementar su consumo en muchos otros países.

## INGREDIENTES (1 PERS.)

4 cucharadas de azúcar • ¼ de taza de mate

## ELABORACIÓN

**1 >** Calentar un terroncito de azúcar, recoger con una cucharita y colocar en la calabaza.

**2 >** Tapar con la palma de la mano y sacudir para que el azúcar quemada impregne la superficie interior de la calabaza.

**3 >** Verter dentro un chorrito de agua caliente, agregar la hierba hasta tres quintas partes del mate e introducir la bombilla.

**4 >** Incorporar agua muy caliente, hasta que el nivel de la infusión llegue a la boca del mate.

**5 >** Espolvorear la superficie con un poco de azúcar y, cuando la infusión se asiente, agregar agua hasta que se forme un copete de espuma.

# Índice de cocteles

* sin alcohol añadido

# Índice de cocteles

* sin alcohol añadido